Véritable Complainte

DE

LA GARDE NATIONALE,

A L'OCCASION DU NOUVEL ORDRE DU JOUR

POUR LA REVUE DU 29 AVRIL 1827;

Par M. Pigeon,

Marchand de bas, Electeur éligible, Caporal de sa Compagnie ;

AVEC LES NOTES DE M. BLAISE RAMIER,

Neveu de l'Auteur, troisième clerc d'Avoué.

DEUXIÈME ÉDITION AUGMENTÉE D'UNE NOTE.

Prix : 25 centimes.

Paris,

CHEZ LES MARCHANDS DE NOUVEAUTÉS.

29 AVRIL 1827.

Paris, Imprimerie de GAULTIER-LAGUIONIE
hôtel des Fermes.

COMPLAINTE

DE

La Garde Nationale.

VÉRITABLE COMPLAINTE

De la Garde Nationale,

L'OCCASION DU NOUVEL ORDRE DU JOUR
POUR LA REVUE DU 29 AVRIL 1827;

PAR M. PIGEON,

Marchand de bas, Electeur éligible, Caporal de sa
Compagnie;

AVEC LES NOTES DE M. BLAISE RAMIER,

Neveu de l'Auteur, troisième clerc d'Avoué.

***

Paris,

CHEZ LES MARCHANDS DE NOUVEAUTÉS.

1827.

COMPLAINTE

DE

LA GARDE NATIONALE.

I.

J'avais dit : bah ! c'est un conte,

En lisant sur mon journal

Que la chose irait fort mal,

Et, grâce à monsieur le comte,

Que l'odeur des lois d'amour

Nous gâterait ce beau jour.

II.

Morbleu ! c'eût été la peine
Que, pour Messieurs tel et tel,
On nous mît au Carrousel
Et ce bon peuple à la gêne !
Afin de n'entendre pas
Ces gros mots : *la clique à bas !*

III.

Bien boucher les avenues
Et bourrer les curieux,
Etaler à tous les yeux
Piques et flamberges nues ;
Tout cela n'empêche en rien
Que le mal ne soit pas bien.

IV.

De la cour fermer les grilles

Pour nous laisser seuls dedans,

Ça fait peur à des enfans,

A nos femmes, à nos filles ;

On ne peut pas voir le Roi :

Chacun reste alors chez soi.

V.

Pour nos pacifiques armes,

Que je porte avec orgueil,

C'est vraiment un jour de deuil

Que la fête des gendarmes ;

Et puis de pareils moyens

Flattent peu les citoyens.

VI.

Mais on vient de changer *l'ordre :*
Tout a bientôt varié ;
Qui s'en voit contrarié,
N'a plus que ses doigts à mordre,
Et les treize légions
Vont allumer des lampions.

VII.

Nous allons à la revue :
C'est encore au Champ-de-Mars.
Sur nos bataillons épars
CHARLES DIX jetant la vue
Dira : *Je* suis là-dedans
Au milieu de mes enfans.

VIII.

La , jamais de hallebardes !
Quand les bourgeois de Paris
Veillent sur des Rois chéris
Il ne faut pas d'autres gardes.
Aux yeux du Français loyal
Le Roi ne fait pas le mal.

IX.

A l'erreur , à l'injustice
Le Monarque est étranger.
D'autres nous font enrager ;
C'est lui qu'il faut qu'on bénisse.
Quand on applaudit trop fort ,
A qui ça fait-il du tort ?

X.

Mais, on cassa quelques vitres,

Nous disaient de bons mouchards ;

On jeta plusieurs pétards,

On but de trop bien des litres,

Certain jour ou certain soir,

Ce qu'on né voulait plus voir.

XI.

Braves gens de la police,

Moi', qui suis simple et sans fiel,

Je laisse à juger au ciel

Des vrais farceurs la malice.

Mais on court peu ces hasards

Au milieu du Champ-de-Mars.

XII.

Sur l'amphithéâtre immense
Formé par le verd gazon,
Brillent, comme de raison,
Témoins de notre élégance,
Les cousines et les sœurs
Des grenadiers et sapeurs.

XIII.

On y voit la ville entière,
La banlieue et les faubourgs,
Qui braveraient tous les jours
Le soleil et la poussière,
Le froid, la pluie ou le vent,
Si le Roi venait souvent.

XIV.

Il s'avance ! Quelle ivresse !

Quels cris d'amour ! Son aspect

Qui commande le respect,

Laisse éclater l'allégresse.

C'est un cri de bon aloi

Que ces mots : *Vive le Roi !*

XV.

Vive le Roi juste et sage !

Que son règne soit heureux !

De ses fils, de leurs neveux

Qu'il conserve l'héritage !

Qu'après Charles, tout Bourbon

Comme lui soit grand et bon !

XVI.

Qu'il protège le commerce,

L'industrie et les beaux-arts;

Qu'il arrête ses regards

Sur la faction perverse

Dont les complots ténébreux

Nous empêchent d'être heureux.

XVII.

A Reims, il jura la Charte

Et nous promit le bonheur;

Les Bourbons sont gens de cœur :

Moi, qui ne perds pas la carte,

Sous tous les projets de loi,

J'écris le serment du Roi.

XVIII.

Vive encor le Roi *quand même*
Des ministres l'ont trompé.
Sous le coup qu'ils ont frappé,
Malgré notre angoisse extrême
Que disaient nos tristes voix ?
Ces gens-là ne sont pas rois.

XIX.

En effet, leur règne passe ;
Ils vont faire leurs paquets.
Comme de mauvais laquais ;
Lorsqu'il veut, le Roi les chasse.
Et quand ce moment viendra,
Tout le monde applaudira.

XX.

Ils ont grand'peur qu'on ne crie

Tous ensemble autour du Roi,

Pour demander leur renvoi.

C'est le vœu de la patrie:

Dans le cri *vive le Roi*

Il est bien compris, ma foi.

XXI.

Mais, comme ça va sans dire,

Inutile d'en parler,

Et tout seul ça doit aller.

Grace à Dieu, le Roi sait lire :

Il a vu quels mots, pour eux,

Sont des cris tumultueux.

XXII.

Ne craignez rien , bons ministres :
Au bourgeois priant, criant ,
Le Roi peut dire, en riant,
, C'est noté sur mes registres :
Un tel reste tant qu'il peut;
Le Roi chasse quand il veut.

XXIII.

Que voulez-vous qu'on réplique
A ces mots pleins de bon sens ?
La police et ses agens
Et la mouche qui les pique
Auront beau se mettre en frais
Nous nous en irons en paix.

XXIV.

Attendons, dira la foule ;

Le Roi veut la liberté :

Allons boire à sa santé.

Bientôt le tems, qui s'écoule,

Redeviendra plus serein

Malgré monsieur Mazarin.

NOTES.

PREMIER COUPLET.

Sur le journal est une locution très-usitée, dans mon quartier : à l'académie française, on dit *dans* le journal . quoique , matériellement, une nouvelle se trouve *sur* la feuille.

Mon journal désigne la gazette que préfère l'homme d'importance qui s'exprime ainsi, en prenant le ton et les airs d'un abonné. Entre nous, l'éducation politique de M. Pigeon ne lui revient qu'à cinq centimes par jour. — Quel est ce *monsieur le Comte* dont on parle dans le couplet ? Ils sont trois comtes, quelque part ; et *les trois n'en font qu'un* (et hi tres unum sunt), comme dit le nouveau catéchisme à l'usage des petits séminaires d'Hermopolis, publié, par un quatrième Comte. Il y en a un cinquième, qui trouve que c'est la mer a boire. Puis viennent un baron, un marquis et un duc, pour compléter la société. Ces trois derniers sont innocens, dit-on, de la dernière loi d'amour. Quoiqu'ils n'aient pas inventé la poudre, attendu qu'un moine allemand, nommé *Schwartz*, s'était donné la peine de les devancer, ils n'en veulent pas trop à *Guttenberg* d'avoir imaginé, vers l'an de grace 1440, l'abominable procédé qu'on nomme *imprimerie*.

L'odeur des lois d'amour doit gâter l'air qu'on respire. Les défuntes n'ont pas été embaumées comme les momies de M. Passalacqua. Aussi, quelle corruption! Notez bien que M. Pigeon entend par *lois d'amour* plus d'un enfant des mêmes pères.

DEUXIEME COUPLET.

M. Pigeon est un homme bien élevé; il sait

qu'à certaines gens on ne peut rien dire de pis
que leur nom et il s'abstient de cette impolitesse.

Clique, « *société* de gens qui s'unissent pour
» cabaler : mot *familier* » dit le petit dictionnaire
de Catineau. — « *Société*, *compagnie*, *congré-
gation*, synonymes.... » dit l'abbé Girard. — Le
seizième couplet parle d'une *faction* perverse :
M. Pigeon ne s'explique pas clairement sur ce
point ; mais comme il est homme de bon sens,
je pense que par *clique* et *faction*, il entend
l'ordre entier de *l'éteignoir*, quelle que soit la
robe ou la livrée.

TROISIEME COUPLET.

On lisait *sur* les journaux d'une date antérieure
au 26 avril, que le public ne serait point admis
au Carrousel, dont les gendarmes devaient gar-
der toutes les avenues. Il y a des gendarmes par-
tout où l'on s'amuse : mais cela eût été par trop
amusant.

QUATRIÈME COUPLET.

Chacun voulait rester en effet *chez soi.* Mais quand on sut que le 26 avril, M. le maréchal duc de Reggio, chef de la garde nationale de Paris, ayant pris *de nouveau* les ordres du Roi, le rendez-vous se trouvait fixé au Champ-de-Mars, *chacun* changea d'avis.

CINQUIÈME COUPLET.

Le lecteur est prié d'admirer le premier vers : *nos pacifiques armes....* Quel bonheur d'expression! Et mon oncle n'est pas de l'Académie !

SIXIEME COUPLET.

Je suppose que les lampions ne doivent s'allumer que le soir, après la revue, et non pas au Champ-de-Mars, en plein midi. M. Pigeon aurait dû y mettre un peu plus de clarté. Homère sommeille quelquefois.

SEPTIÈME COUPLET.

Cela est clair. Dans une vaste enceinte, les bataillons peuvent se *disperser* au large ; et le mot *épars* n'est pas là pour rimer. Entre la grille du Carrousel et le château des Tuileries, les treize légions eussent été *encaquées*, sauf respect, comme des harengs.

HUITIÈME COUPLET,

Plus de hallebardes! Toute la France a compris ce mot.

NEUVIÈME COUPLET.

Les quatre premiers vers sont admirables. M. Pigeon ne sait pas un mot d'anglais ; cependant, il traduit à merveille cette maxime fondamentale : *the King can do no wrong.*

La fin du couplet n'est pas si bien. L'auteur a voulu dire, sans doute ; « Quand on remercie le

Roi , les ministres ne doivent jamais crier qu'on applaudit trop fort · cela ne les regarde point. » La pensée ne manque pas de justesse : mais M. Pigeon a trop voulu imiter ce Perse, poète latin ,

Qui dans ses vers obscurs, mais serrés et pressans,
Affecta d'enfermer moins de mots que de sens.

DIXIEME COUPLET.

On recommande ces vers aux amateurs de la belle poésie. *Quelques* vitres cassées; *plusieurs* pétards jetés , *bien des* litres bus ; *certain jour* ou *certain soir :* il y a là toute l'exactitude et la circonspection d'un honnête homme qui rédige les rapports de police.

Les *bons* mouchards de M. Pigeon rappellent un peu les *bons* gendarmes de M. Odry ; mais, les beaux esprits se rencontrent. Dans le vingt-deuxième couplet il y a *bons* ministres : là, ce mot a sans doute une autre acception. Notre langue est si riche en tournures !

ONZIÈME COUPLET.

M. Pigeon dit qu'il est *sans fiel*. En effet, Aristote, Pline, Buffon et M. Cuvier, assurent que les *pigeons* n'ont point de fiel. De là ce propos de commère · « Je n'ai pas plus de fiel qu'une co-« lombe. » Cela n'empêche pas que M. mon oncle ne soit un malin compère, puisqu'il a deviné que les véritables auteurs de certaines farces nocturnes pourraient bien n'être pas inconnus dans la rue de Jérusalem. Il n'y a pas moins de malice dans son observation sur le Champ-de-Mars, où l'on ne trouve point de vitres à briser, où les fusées ne feraient que pâlir aux rayons du soleil et où l'on ne boit que des litres de tisane *à la fraîche*, colportée par les marchands de coco.

DOUZIEME COUPLET.

Comme de raison n'est pas ici une *cheville*, un mot de remplissage dont l'auteur ait eu besoin pour rimer avec *gazon*. Rien n'est plus naturel et plus raisonnable que de chercher à paraître d'une manière avantageuse aux yeux de ses parens, amis et connaissances. — « *N'est-ce pas , ma payse , que je suis beau sous les armes ?* » s'écrie le Jean-Jean d'une charmante litographie. — « *Que vous étiez beau sous les armes !* » dit tendrement la sentimentale *Zélmire* , dans la touchante réponse qu'elle adresse au chantre barbare de l'*Indifférence* , le volage grenadier de Bordeaux. Et cet émule de Dorat et de Latour-d'Auvergne , parvenu aux honneurs suprêmes de la toge , a-t-il cessé de se rappeler avec délices l'heureux temps où il montait la garde, en pantalon, sur les bords de la Garonne ou sous le balcon d'une belle ? Non ; il fait revivre ces vieux souvenirs dans ses jeunes armoiries. Appelé à remplacer les *Séguier,* les d'*Aguesseau,* ou du moins à leur succéder, il voit une couronne de comte briller à la portière de son carrosse. Sous la belle devise latine *non solùm togá* (je ne brille pas que par ma simarre) on voit l'épée de capitaine, d'autres disent un fleuret, qui repose avec grace et dignité sur un volume du Code civil. *Comme de raison.*

Quant aux jeunes beautés que M. Pigeon place parmi les spectatrices obligées de nos revues au Champ-de-Mars, *Honni soit qui mal y pense.* Le redoutable sapeur ne peut-il avoir, en tout bien tout honneur, une jolie cousine, comme le beau grenadier a une belle-sœur ?

> Les cousines et les sœurs
> Des grenadiers et sapeurs ;

Il n'y a pas là de quoi rire, messieurs les mauvais plaisans !

TREIZIEME COUPLET.

.... Un petit moment ! je m'aperçois d'une chose. Les notes prennent plus de place, dans ce petit volume, que le texte. Cela s'est vu ; mais il ne faut pas suivre les mauvais exemples. Et puis les 12 derniers couplets, en conscience, n'ont pas besoin de commentaire.

Il n'y a que la fin du 24e couplet qui me con-

trarie Je crois y voir un anachronisme, une erreur
de date. Feu M. Mazarin , ancien séminariste ul-
tramontain , était fort bien en cour de Rome et
il fit beaucoup de mal à Paris, lors de la mino-
rité de Louis XIV, quoique M. l'abbé fût premier ministre en France : mais, après tout, il est
enterré; j'ai vu son mausolée. Comment donc
ledit M. Mazarin peut-il vouloir ou ne vouloir
pas que l'horizon de la France finisse par s'éclair-
cir ? Je m'y perds. Encore si c'était feu M. Mal-
brouck , dont on chante

> Malbrouck n'est pas mort,
> Car il vit encor !

FIN.

Les événemens de la nuit du 29 au 30 avril ayant
changé mes idées , je préviens le public que je publie-
rai demain mes doléances , que je vendrai 30 centimes,
attendu que je suis bien aise de rattraper ce que j'ai
dépensé la semaine dernière pour me rééquiper.